escola *de vida*
POEMA RIMA CANÇÃO
III

Editora Appris Ltda.
1.ª Edição - Copyright© 2024 do autor
Direitos de Edição Reservados à Editora Appris Ltda.

Nenhuma parte desta obra poderá ser utilizada indevidamente, sem estar de acordo com a Lei nº 9.610/98. Se incorreções forem encontradas, serão de exclusiva responsabilidade de seus organizadores. Foi realizado o Depósito Legal na Fundação Biblioteca Nacional, de acordo com as Leis nos 10.994, de 14/12/2004, e 12.192, de 14/01/2010.

Catalogação na Fonte
Elaborado por: Dayanne Leal Souza
Bibliotecária CRB 9/2162

S693e	Somariva, Adir João Escola de vida: poema rima canção III / Adir João Somariva. – 1. ed. – Curitiba: Appris, 2024. 120 p. ; 23 cm. Inclui índice. ISBN 978-65-250-7041-4 1. Poema. 2. Rima. 3. Canção. 4. Gratidão. 5. Entusiasmo. 6. Vivência. I. Somariva, Adir João. II. Título. CDD – B869.91

Editora e Livraria Appris Ltda.
Av. Manoel Ribas, 2265 – Mercês
Curitiba/PR – CEP: 80810-002
Tel. (41) 3156 - 4731
www.editoraappris.com.br

Printed in Brazil
Impresso no Brasil

ADIR JOÃO **SOMARIVA**

escola *de vida*
POEMA RIMA CANÇÃO
III

Curitiba, PR
2024

FICHA TÉCNICA

EDITORIAL	Augusto V. de A. Coelho
	Sara C. de Andrade Coelho
COMITÊ EDITORIAL	Marli Caetano
	Andréa Barbosa Gouveia (UFPR)
	Edmeire C. Pereira (UFPR)
	Iraneide da Silva (UFC)
	Jacques de Lima Ferreira (UP)
SUPERVISORA EDITORIAL	Renata C. Lopes
PRODUÇÃO EDITORIAL	Adrielli de Almeida
REVISÃO	Manuella Marquetti
DIAGRAMAÇÃO	Amélia Lopes
CAPA	Mateus Porfírio
REVISÃO DE PROVA	Bruna Santos

APRESENTAÇÃO

Com entusiasmo
Nesta apresentação de
Escola de vida
E no versar em
POEMA RIMA CANÇÃO.

Deriva de presente apresentar e
Apresento por presente este versar.
Agora, do que me aflora de melhor
Pra externar. De passos na vida,
Do pensar... Pra espelhar, mais acertar.
A quem mais moço iluminar
Quem mais vivido alavancar.
Passeios por leitura,
Inspiração, aventura.
Instruir, descontrair, memorar, encorajar...

Assertividade. Aprender sem tropeçar.
Autonomia em arriscar.
Maravilhas enxergar.
Perseverança – no acreditar.
Autoestima – no lidar.
Flexibilidade – no tratar.
Resiliência – no desatar.
Proatividade – no pensar.
Horizontes conhecer e vislumbrar...
Escola de vida – compartilhar.

POSICIONAMENTO DO AUTOR

Ao escrever **POEMA RIMA CANÇÃO**, o autor teve em mente:

Produzir informações dignas de serem tratadas em qualquer ambiente. Especialmente familiar e escolar.
Como MISSÃO.

Abordagens a serem cultivadas em vasto tempo e território,
como VISÃO.

Geração de poesia rimada, positiva na lembrança e também em forma de canção,
como FUNÇÃO.

Fundamentado no senso do respeito,
como PRINCÍPIO em primeira mão.

Na formação de cultura digna e autêntica,
como PROPÓSITO da missão.

POESIA
VISANDO À MÚSICA

MUSICAR, GRAVAR POEMA

Levando em conta a possibilidade
De artista / compositor
Musicar, gravar poema,
E do tema ser difusor,
Na produção musical
Dar mais alma ao teor,
Dinamizando expressão,
Pra mais enriquecedor
No sentido da mensagem –
Em sintonia com o autor.

SUMÁRIO

INTRODUÇÃO 13

PARTE UM
Autenticidade
POEMA

AUTENTICIDADE
(ESTOU MESMO SENDO MEU AMIGO...) 15
AS CEM PALAVRAS RIMADAS NESSA POESIA: 24

PARTE DOIS
Contemporâneo
CANÇÃO

CENSURE NÃO 27
CERTEZA 28
ENXOTAR 29
INTENTO VIVIDO 30
LAIVOS DA VIDA 31
LEGADO 32
LÍDER BRAVURA 33
LIGAR O SINO 34
NUNCA DEIXE SATURAR 35
PODER 36
REVELAR 37
VAI ROBÔ 38
VIVENDO DE CAPITÃO 39

PARTE TRÊS
De coração e de esperança
CANÇÃO

ABUNDA 41
ALTANEIRO 42
AO SENTIDO DA ALMA 43
CABEÇA ERGUIDA 44
CADUQUE NÃO 45

ESTIQUE A VIDA... 46
FREQUÊNCIA 47
HONRADEZ 48
IDEALIZE O AMANHÃ.. 49
NA ORDEM DA NATUREZA 50
NÃO CULPES O SANTO.. 51

PARTE QUATRO
De memória
CANÇÃO

AO LUXO DO PERDÃO... 53
CAFU E CAPITA 54
GATILHOS... 56
NASCE A POESIA... 57
NASCIDO – DE UM TODO... 58
OUSADIA.. 59
POETA DE JORNADA 60
POR VIR 61
PRONTO A VIVER... 62

PARTE CINCO
De percepção
CANÇÃO

CONSORTE.. 64
DESEJAR... 65
DESFRUTO 66
ENCANDECER 67
FAÍSCA 68
FORA DE PONTO 69

PARTE SEIS
De região
CANÇÃO

MARCHA E CUCA 71
MEL ENVELHECIDA.. 72
POMPA 73
ROBÔ INHAMBU 74
SURFANDO EM SAPATO 76

THOQUE THOQUE 77
VARGEÃO 78

PARTE SETE
Mente
POEMA

MENTE, MENTE 80

PARTE OITO
Mundo / Humanidade
POESIA

EXPANDE UNIVERSO 84
HUMANIMAL 85
INTEGRIDADE 86

PARTE NOVE
Enunciar
POEMA

ENUNCIAR
(NA ARTE DA ESCRITA) 90

PARTE DEZ
Camponês
POESIA

BENDITO INTERIOR 95
DE FAMÍLIA 97
DO INTERIOR 98

PARTE ONZE
Humanamente
POESIA

DESPRENDIMENTO 101
EM APUROS 102
FORMAÇÃO HUMANA 105
QUEM SOU EU... 107
SALVA O TEU RIM 108
SIGO MEU SONHO 109
TEMPERANÇA 110

TOGA FRIA 111
TU 113

PARTE DOZE
Erudição
POEMA

APLICADA ERUDIÇÃO 115

EPÍLOGO 116

ÍNDICE REMISSIVO 117

INTRODUÇÃO

Inteligência é de intelecto.
Capacidade de aprender.
De humana criação,
Este livro fez nascer...
Sintonia com o universo,
Faz a mente florescer.

Mais daquilo que se pensa –
Pensamento aparecer.
Mais neste livro floresce
Daqueles do anteceder.
POEMA RIMA CANÇÃO III
Para mais enobrecer.

Passeio em outras memórias.
Em especial por ler,
Vivências, reflexões...,
Que me propus a escrever.
Faz de si se divertir e
Muito melhor conviver.

PARTE UM

Autenticidade

POEMA

AUTENTICIDADE

(Estou mesmo sendo meu amigo...)

1
Uma história não é outra –
Traços de anterioridade;
Do integral da própria vida –
Nem fuga nem vaidade.

2
Na formação da consciência,
Tendo em vista a integridade;
As pazes com o passado
Para ser – si – de verdade.

3
Vigiar os pensamentos
Na originalidade
Faz prudência na ação,
Palavra..., e liberdade.

4
Sentimento em compaixão
Cura a si e a humanidade;
Dos fardos do que viveu,
Vira em potencialidade...

5
De tudo o que se viveu
E vive na atualidade,
O extrato é ensinamento
Na aplicabilidade...

6
Consciência não se engana,
Mostra sua realidade;
Cuidar do que ela indica
Para a própria sanidade.

7
Sempre a dar sentido ao mundo,
À vida e à vontade,
Carece de convivência
E também de dualidade.

8
Ser o todo da sua vida
Cada personalidade
É o integral da memória,
Humana coletividade.

9
A função do inconsciente
É guiar na lealdade,
Extrato de sentimento
Voltado à sinceridade.

10
Quando a vida em penumbra,
Ver porões – contrariedades –
Transformando em fortaleza
O sentido da inequidade.

11
Cérebro: humanamente /
Bicho – por necessidade.
O que faz ser diferente –
Mente e mentalidade.

12
A cada um cabe viver
Com toda intensidade,
Na sabedoria de um ser
De espiritualidade.

13
Não autocondenação
Na responsabilidade,
Luz é que faz sumir trevas,
Vida em luminosidade.

14
Formação de preconceito –
Individualidade.
Quanto milagre de vida
Já existe em eternidade!

15
Quando em conflito na mente:
Guerra, fúria, ansiedade...,
Com – oculto – uma conversa
Na sentimentalidade.

16
De prontidão, se identifica
O sair da obscuridade,
Ao melhor sentido à vida,
Até fatos da puberdade.

17
Ver de si..., parte da gente,
Mesmo por curiosidade.
Vai polindo a si mesmo
E vindo luz da infinidade...

18
Seja da adolescência /
Veterana / tenra idade,
As marcas no subconsciente
Tratar – primordialidade.

19
Da sensação à autoestima –
Sana em visibilidade...,
Coragem lidar com ela,
Transforma em vitalidade.

20
Sempre consigo viver
Em plena solidariedade,
Some a recriminação
Também da identidade.

21
Tudo que hoje acontece –
Fruto da historicidade,
Vem de muitas procedências,
Vidas – criatividade...

22
É bom saber de negócio,
De ciência... – prosperidade,
Melhor conhecer de si,
Devendo ser prioridade.

23
Sempre em transformação:
Mundo, genialidade...
Constante o fluxo, a força,
Nós, eu... – continuidade.

24
Fortalecer onde não dói.
Na dor – curabilidade.
A mente em converter
Rumo à felicidade.

25
Se desconforto aparecer,
Repugno em profundidade
Que a mente extravasar:
Trazer à luz – dignidade.

26
Segado pelo inconsciente –
Consciente em neutralidade,
Sane e não se abomine
Se tenhas de ti piedade.

27
Expostos ao mundo estamos;
Dar reflexos de bondade,
Se expor à luz conduz
A viver generosidade.

28
O liberto não mendiga
De afetiva caridade,
Por – de si – conhecimento.
Faz vida de qualidade.

29
Inteligência / Intelecto,
Dualismo – capacidade.
Ou de ilusória persona –
Robô em rotatividade...

30
Sem fingir que se revela
A própria vivacidade;
Luz, virtude, mancha, sombra...,
Convívio, tenacidade...

31
Do pensamento, domínio;
Tudo o mais, na variedade...
Cuidar bem do pensamento –
Sua particularidade...

32
Mesmo segredo de guerra,
De força, fraternidade...,
Pode ser abençoado
Se não de promiscuidade.

33
Ato de porta fechada
Na escolha da santidade.
Segredo em maçonaria,
Livre em religiosidade.

34
Parte de si a mentira.
Vira de si propriedade.
Estoura em qualquer momento
E não da espontaneidade.

35
Egoísmo / Altruísmo:
Na acessibilidade
Aos mais desejos da alma /
Ao bem da comunidade...

36
Audácia causa denodo
Diante de instabilidade,
Transforma em realização
O que foi temeridade.

37
Pra espantar o pavor,
Com ou sem gentileza,
Carece do amor da gente
Na melhor cordialidade.

38
Nos eleva, aqui e agora,
Com ou sem credulidade,
Se, atuando no presente,
Em plano – imortalidade...

39
A carga no pensamento
É força, assiduidade...
Aceitar o que carrega –
Ser na racionalidade.

40
Se o amor espanta diabo
De alma / "Carnalidade",
É somente da ilusão
Habitar na escuridade...

41
Medo de espiar seus "podres"
Faz perder sua validade;
Um dia apodrece o corpo –
Qual convencionalidade...

42
Causas no corpo; da mente
Do ancião, da mocidade...
Mais igreja e farmácia
Curando enfermidade.

43
Carecendo mais poesia
E um pouco de humildade.
Viver menos fantasia
E mais na simplicidade.

44
Algo também marca em si
Na alheia culpabilidade,
Podendo virar remorso –
Alma em conectividade...

45
Sentimento de perdão
Devolve naturalidade,
Tira mente da inércia,
Entra em expansividade.

46
Quando em zona de conforto,
Na confortabilidade;
Batucando de monjolo,
Como que em serenidade...

47
Quanto mais ensinamento –
Vigor / Elasticidade...
Quanto mais conhecimento,
Maior portabilidade.

48
E carece funcionar
A governabilidade,
No contexto sempre estar
A tua cumplicidade.

49
Muita iluminação
A quem da legalidade
E, a quem por votação,
Constitui autoridade.

50
Crivo, ao que devermos ser
Que nos impõe a sociedade...,
Ou, veterano de moleque
Ao invés de **autenticidade**...

AS CEM PALAVRAS RIMADAS NESSA POESIA:

1. Acessibilidade
2. Ansiedade
3. Anterioridade
4. Aplicabilidade
5. Assiduidade
6. Atualidade
7. Autenticidade
8. Autoridade
9. Bondade
10. Capacidade
11. Caridade
12. Carnalidade
13. Coletividade
14. Comunidade
15. Conectividade
16. Confortabilidade
17. Continuidade
18. Contrariedade
19. Convencionalidade
20. Cordialidade
21. Credulidade
22. Criatividade
23. Culpabilidade
24. Cumplicidade
25. Curabilidade
26. Curiosidade
27. Dignidade
28. Dualidade
29. Elasticidade
30. Enfermidade
31. Escuridade
32. Espiritualidade
33. Espontaneidade
34. Eternidade
35. Expansividade
36. Felicidade
37. Fraternidade
38. Generosidade
39. Genialidade
40. Gentilidade
41. Governabilidade
42. Historicidade
43. Humanidade
44. Humildade
45. Idade
46. Identidade
47. Imortalidade
48. Individualidade
49. Inequidade
50. Infinidade
51. Instabilidade
52. Integridade
53. Intensidade
54. Lealdade
55. Legalidade
56. Liberdade
57. Luminosidade
58. Mentalidade

59. Mocidade
60. Naturalidade
61. Necessidade
62. Neutralidade
63. Obscuridade
64. Originalidade
65. Particularidade
66. Personalidade
67. Piedade
68. Portabilidade
69. Potencialidade
70. Primordialidade
71. Prioridade
72. Profundidade
73. Promiscuidade
74. Propriedade
75. Prosperidade
76. Puberdade
77. Qualidade
78. Racionalidade
79. Realidade
80. Religiosidade
81. Responsabilidade
82. Rotatividade
83. Sanidade
84. Santidade
85. Sentimentalidade
86. Serenidade
87. Simplicidade
88. Sinceridade
89. Sociedade
90. Solidariedade
91. Temeridade
92. Tenacidade
93. Vaidade
94. Validade
95. Variedade
96. Verdade
97. Visibilidade
98. Vitalidade
99. Vivacidade
100. Vontade

PARTE DOIS
Contemporâneo
CANÇÃO

CENSURE NÃO

Se censure não,
De aprendiz, vai ser bom,
Se tiver compaixão.
Nem outrem censure,
Enquanto amadure.
Depois – na instrução.
Em cada sujeito
Virtude, defeito...;
Respeito de irmão,
Ainda que de pronto
Diverge em confronto
Na opinião.

                    Se censure não,
                    De aprendiz, vai ser bom,
                    Se tiver compaixão.

CERTEZA

Certeza é do passado.
O futuro – duvidoso.
Relampejo é no presente.
Humano mundo curioso
Formando sabedoria
Pra um viver majestoso.
Fazendo acontecer
Em respiro corajoso.

Certeza é do passado.
O futuro – duvidoso.
Relampejo é no presente.
Humano mundo curioso.

Piscando, fazendo história,
Mesmo em solo pedregoso.
Pensamento em trajetória
A um tesouro luminoso
Que visa a encontrar.
E o retorno é generoso.
O viver é no presente,
No agora poderoso...

ENXOTAR

Te sentindo abençoado –
Prossegue o caminhar.
Se te sentes perturbado,
Acessa o luminar...
Nos porões subconscientes,
O acesso ao bem-estar,
À "jazida", ao "tesouro",
Ao destino, ao se encantar...
Não enxotes, não enxotes,
Não te deixes enxotar.
Lê mais e dança xote,
Brilha no livre expressar...

                        Não enxotes, não enxotes,
                        Não te deixes enxotar.
                        Lê mais e dança xote,
                        Brilha no livre expressar...

INTENTO VIVIDO

Quando se der por finado
No individual,
Já entoou o sinal
Do viver / do capricho...
Intento vivido –
Vida é pessoal.
Persona sem igual
Para não ser de rabicho...

                    Intento vivido –
                    Vida é pessoal.
                    Persona sem igual
                    Para não ser de rabicho...

Isso é porque a vida
De um distinto animal
Pode igualar-se a tal
Àquela de um bicho...
No tempo, no espaço,
Cada um, cada qual.
Sempre em diferencial.
Mesmo em cópia de nicho....

LAIVOS DA VIDA

Em trajeto, uma flecha,
Qual força em lançar?
Quando gente em ação
Uma força acessar.
Seja da própria mente.
Razão, flexionar...
Jamais sendo ira,
Do baixo pensar.
E a paixão é potente,
Um dever controlar.
No ataque, em defesa,
Em parar, semear...,
Ficam laivos da vida
De breve cursar...

                                      No ataque, em defesa,
                                      Em parar, semear...,
                                      Ficam laivos da vida
                                      De breve cursar...

LEGADO

Quem já findou,
Qual foi o legado
Que do seu passado
De honroso deixar...
Não se apavore
Por causa de outrora.
A hora é agora;
Realize o sonhar...
Ver qual o legado
Que está construindo,
E contribuindo,
Pra quando findar...

                        Ver qual o legado
                        Que está construindo,
                        E contribuindo,
                        Pra quando findar...

Que valor realizou
A energia gastada
Da tua estada
Neste respirar...
E qual o sentido
Da tua esperança...
De causa, poupança,
De coisa comparar...
Responsa tesouro...,
Da fé... E deflagre –
Genuíno milagre
Do aqui estar.

LÍDER BRAVURA

Assumindo posição,
Por voto / indicador...
Distinta é a paixão,
Da razão e do amor.
Nobreza frente a fileiras,
Bom senso por defensor.
Líder bravura desponta.
Independe de quem for:
Sexo, crença, raça, classe,
Estatura, porte, cor...

                    Líder bravura desponta.
                    Independe de quem for:
                    Sexo, crença, raça, classe,
                    Estatura, porte, cor...

Cem por cento não à guerra...,
É prato cheio a ditador.
Não havendo resistência,
Vai agindo sem temor...
Criando "lideranças"
Como manipulador.
Na efêmera liderança,
Bate forte o tambor...
Em massa proporcionado
Lá na frente o terror.

LIGAR O SINO

Viver liberdade,
Por certo o caminho,
Em grupo ou sozinho,
Cada cidadão.
Entender proposta
Faz ligar o sino,
Pois vota em destino
De uma Nação...

                              Entender proposta
                              Faz ligar o sino,
                              Pois vota em destino
                              De uma Nação...

O que for ponto cego
No entendimento,
Sem discernimento
Numa conclusão,
Ainda assim na consciência
Se entende por "certo".
Ler. Que está em aberto.
Na palma da mão...

NUNCA DEIXE SATURAR

Sem vício, se aprecia
O olfato, o paladar.
O ouvido mais se atina,
Mais se aguça o olhar.
Se a inércia atrofia
O que por falta de usar,
Até o que ora se pensa...,
Mesmo que possa assustar;
Ativo de corpo e mente.
E nunca deixe saturar.

                                      Até o que ora se pensa...,
                                      Mesmo que possa assustar;
                                      Ativo de corpo e mente.
                                      E nunca deixe saturar.

PODER

Autoridade – concessão –
Temporária permissão.
Decisão – bem-vinda a ser –
Do Supremo, meu irmão...
Quem sou eu, e quem és tu,
Quem serás no amanhã...
Vem de dentro o poder,
Do saber..., e da razão.
Poder, concedido for
Por outorga / votação,
Logo diluído ser.
Pela sua conclusão...

                        Poder, concedido for
                        Por outorga / votação,
                        Logo diluído ser.
                        Pela sua conclusão...

REVELAR

De pai, mãe, irmão, amigo...
Ou livro. De um talento...
Tantas fontes – seleção
Como objeto de assento...
Por ato, palavra, exemplo,
Vivência, contento;
Gestos, vozes... a revelar
Como seu comportamento...

                    Por ato, palavra, exemplo,
                    Vivência, contento;
                    Gestos, vozes... a revelar
                    Como seu comportamento...

Marcas de filosofia.
Teologia. Sacramento...
Assento em bons princípios... –
Motivos ao seguimento.
Um caminho percorrido.
E um saber do momento.
Ao sagrado se remete –
Elevado entendimento...

VAI ROBÔ

Aumenta individualismo,
Intimidade reduzir...
Tela em conexão visível...,
Tendência em persistir.
Vai robô tomando conta
E vai gente ao robô seguir.

                    Tela em conexão visível...,
                    Tendência em persistir.
                    Vai robô tomando conta
                    E vai gente ao robô seguir.

Se me influi o universo
Também por meu permitir,
No integrar dessa fonte
Está o meu existir.
De real, de imaginário,
Prosa e verso surgir...

Sim ou não sendo consciente,
Vem do mundo o sentir.
Do visível e invisível
Sempre estando a interagir.
Quando no fluir da mente,
Gerando um transmitir.

VIVENDO DE CAPITÃO

Desejo é coisa imensa.
Se for em motivação,
Ainda mais nele se pensa.
Sempre o controle na mão.
Acreditar na jornada
Pra ter comemoração.
Construindo sua história,
Vivendo de capitão.

> Acreditar na jornada
> Pra ter comemoração.
> Construindo sua história,
> Vivendo de capitão.

De risco – em recompensa.
De valores – em ação.
De isolar – em solidário.
Realidade – em visão.
De faro – em liderança.
De bloqueio – à inovação...
Construindo sua história,
Vivendo de capitão.

PARTE TRÊS
De coração e de esperança
CANÇÃO

ABUNDA

Abunda,
Abunda,
Abunda, abunda, abunda.
Abunda,
Abunda,
Abunda, meu senhor.
Abunda de bondade,
Abunda de louvor,
Abunda de dinheiro,
Abunda de amor.

                                        Abunda de bondade,
                                        Abunda de louvor,
                                        Abunda de dinheiro,
                                        Abunda de amor.

Verbo tem significado,
Tem sentido o seu teor
Sempre que bem conjugado.
Ser usado ao que for.
Nem sempre banalizado;
Só sagrado, ou só de humor,
Para ser interpretado,
Cada um por seu mentor.
E a bunda de assento,
Também tem o seu valor.

ALTANEIRO

Se, viril por natureza –
Responsa de cavalheiro.
Na experiência calejada,
Coragem por derradeiro.
Assim como um menino
Que brinca por ser faceiro,
Por ter se tornado homem –
Porte e alma de altaneiro.

                      Assim como um menino
                      Que brinca por ser faceiro,
                      Por ter se tornado homem –
                      Porte e alma de altaneiro.

Na incerta escala da vida,
Jovem moço / conselheiro...,
No uso da consciência
Se torna sóbrio e guerreiro.
Que na vivência, por certo,
Mesmo não sendo o primeiro,
Tal galo – de peito ereto –
Circulando no terreiro.

AO SENTIDO DA ALMA

No histórico humano,
Para ler e escrever,
Falar..., e pronunciar –
Veio sendo do ensinar.

O que de ensino hoje,
Dizendo sinceridade,
Junto à humanidade
Se está a propagar...

Ao sentido da alma,
O que diz à própria vida
É que ainda mais de perto
Carece de ensejar.

                    Ao sentido da alma,
                    O que diz à própria vida
                    É que ainda mais de perto
                    Carece de ensejar.

CABEÇA ERGUIDA

Quando machuca
E na mente cutuca,
Batendo a cuca
Vai sentindo ais.
Do mais importante
Sempre ter bastante;
Uso de barbante
Para tecer mais...
Fé, coragem, lida...,
Cabeça erguida,
Por estar na vida
Sempre ser capaz.

    Cabeça erguida,
    Por estar na vida
    Sempre ser capaz.

Mais de sua vida,
Família querida,
Amigo, avenida...;
Nem tudo acabais.
E de esperança,
De curtir lembrança,
Fazer governança...;
Experiência demais.
Fé, coragem, lida...,
Cabeça erguida,
Por estar na vida
Sempre ser capaz.

CADUQUE NÃO

Estou dizendo agora,
Pela razão;
Nem me caduque fazendo
Continuação.
Confunda nada, menina,
Caduque não;
Foi de impulso, menina,
Não de paixão.

                    Confunda nada, menina,
                    Caduque não;
                    Foi de impulso, menina,
                    Não de paixão.

De sentimento, se fosse
Do coração;
Alguma causa, querida,
Vem da visão.
Dizer palavra bonita
Por emoção
Faz bem pra alma e dita
A pulsação.

ESTIQUE A VIDA

O ponteiro vai girando,
Dia, noite, amanhecer...,
Como requebrar de dança
Em luz do sol, anoitecer...
Estique a vida por honrar;
É melhor compreender.
Princípio tem um final,
E nisto o mais viver.

                    Estique a vida por honrar;
                    É melhor compreender.
                    Princípio tem um final,
                    E nisto o mais viver.

Sem fuga sempre estar,
Admitas, queira crer.
Nem chance de enganar
Perante a luz do poder.
Cheiro de vida é momento;
Gira astros, basta ver.
Corpo e alma em sintonia
E muito mais se conhecer.

FREQUÊNCIA

Convém que se acredite
Em centro – fonte – sagrado...,
Que frequente cultivado
Faz o possível fluir.

Bem que isso ser por Deus,
Por divina providência...
Saber que da influência
Da mente vem o porvir.

Cultivar bom pensamento;
Sabes que tua frequência
Mora / flui na consciência.
Ou vagando no existir...

                        Cultivar bom pensamento;
                        Sabes que tua frequência
                        Mora / flui na consciência.
                        Ou vagando no existir...

HONRADEZ

Necessário, necessário...,
Ser por necessariamente,
Pra uma vida de honradez,
Pai e mãe estar na frente.
Ao contrário da soberba,
Honradez é inteligente.

Até o animal bicho
Ensina isso pra gente...
Honrando da criação
Faz uma vida contente.
Honra, em amorosa vida /
Poderosa / consistente.

Necessário, necessário...,
Ser por necessariamente,
Pra uma vida de honradez,
Pai e mãe estar na frente.

IDEALIZE O AMANHÃ...

Te perdoa, irmão, irmã –
És reflexo da trajetória...
Muita imaginação;
E a boa memória...
Idealiza o amanhã...

                              Te perdoa, irmão / irmã –
                              Idealiza o amanhã...

NA ORDEM DA NATUREZA

Antes mesmo do destino,
Natureza é escola bela
Que se deixa perceber
Sempre da forma mais singela.
Natureza, e querida,
Pra vida / para o bem dela,
Na ordem da natureza
É saber lidar com ela.

                                  Natureza, e querida,
                                  Pra vida / para o bem dela,
                                  Na ordem da natureza
                                  É saber lidar com ela.

NÃO CULPES O SANTO

Destaque na caminhada,
Distanciando, pé por pé.
Cultivando gratidão,
Superando a maré.
Desprovido de vaidade,
Surgem gritos de olé,
Segurando a bandeira,
A peteca, o boné.
Remando é que dá certo,
Te acredita, tem fé.
Como sinal de grandeza,
Não culpes o santo se não der.

                            Remando é que dá certo,
                            Te acredita, tem fé.
                            Como sinal de grandeza,
                            Não culpes o santo se não der.

PARTE QUATRO

De memória

CANÇÃO

AO LUXO DO PERDÃO

Misericórdia de si mesmo
É dar-se ao luxo do perdão.
Muito mais a ver consigo
E bem antes de a seu irmão.
Que também faz carecer
Estender a este a mão.
Quando que, principalmente,
Andado você somente
A transitar na contramão.

                          Misericórdia de si mesmo
                          É dar-se ao luxo do perdão.
                          Muito mais a ver consigo
                          E bem antes de a seu irmão.

Diferente de andar junto
É perdoar em devoção.
Quem faz de um jeito uma coisa,
Igual todas – repetição.
Por já ter se perdoado
E vivendo satisfação
No alívio da sua mente;
Vai pensando livremente.
Em grupo, ou na solidão.

CAFU E CAPITA

Cafu – da lateral direita,
Bola / Brasil – Capitão.
Esbanjando confiança,
Respirando convicção.
No universo da bola –
O melhor da posição.
Rastros de perseverança,
Espelho de formação...
Cafu e capita,
Cafu e capita,
Cafu e capita,
Alberto e capitão.
Cafu e capita,
Cafu e capita,
Cafu e capita –
Dueto de campeão.

                                         Cafu e capita,
                                         Cafu e capita,
                                         Cafu e capita –
                                         Dueto de campeão.

Carlos Alberto Torres,
Capita da seleção.
No comando dos craques,
Rei da bola / da Nação.
Inspirando confiança,
Alegrando coração...
Marcas de – tempos – na bola,

Nas conquistas da Nação.
Cafu e capita,
Cafu e capita,
Cafu e capita,
Alberto e capitão.
Cafu e capita,
Cafu e capita,
Cafu e capita –
Dueto de campeão.

GATILHOS

Vivendo sintonia
Com seu "eu", que vem de dentro,
Lida melhor no que é fora,
E fortalece o talento.
Pensamento escrito em verso,
Mais parece experimento.
Põe gatilhos no versar e
Mentes em florescimento.

                      Pensamento escrito em verso,
                      Mais parece experimento.
                      Põe gatilhos no versar e
                      Mentes em florescimento.

É melhor fazer pensar
Que externar pensamento.
Pra reflexão, ser primeiro.
Ou ao crivo do momento.
O entender externado,
Quando em comprometimento,
É mais exemplo que palavra
Lançada, solta, ao vento.

NASCE A POESIA

O que for que se escreve,
Estuda, exerce..., ou exercia,
Do viver, do fictício...,
Também nasce a poesia.
De viver, tem limite
Ao caminho que percorria.
Imaginário não tem fim,
A cada um, em cada dia.
Cultivar bons pensamentos
Toda vibração sorria...
Faz surgir o melhor verso,
Composição, melodia...

                      O que for que se escreve,
                      Estuda, exerce..., ou exercia,
                      Do viver, do fictício...,
                      Também nasce a poesia.

Uma coisa é profissão,
Sim, ou não, que preferia.
Outra coisa é quem se é,
E isso diferencia.
Vem da alma, de si mesmo.
Bom pra quem a credencia...
É o sentido da vida
Que o mundo referencia.
Virtude é mais que sorte.
O ver dentro é primazia.
O próprio eu de cada um,
Na coragem, na alegria...

NASCIDO – DE UM TODO

Bastante de criança,
Fazendo aliança,
E continuar...
De quantos vem o agora,
E de quanta hora;
Sem mais calcular....
Nascido – de um todo...
Pra finado – a um todo...
Bom rastro deixar...

                                        Nascido – de um todo...
                                        Pra finado – a um todo...
                                        Bom rastro deixar...

Faz bem rir da vida,
Na vida sorrir,
Ainda que faz chorar.
Que lembrança,
Exemplo, esperança
Pretende abarcar...
Uma bela pegada
Em marcha na estrada...
Não vai se apagar.

OUSADIA

Só quem faz acontecer
Faz história, faz lembrança.
Marcas de enobrecer,
E a prosperidade avança.
Esperar por merecer
Até pensamento balança.
Rica vida é na bondade,
Sem rancor e sem vingança.
É viver em ousadia,
Coragem e temperança.
Em cada dia, em cada hora.
Ou somente na esperança...

           É viver em ousadia,
           Coragem e temperança.
           Em cada dia, em cada hora.
           Ou somente na esperança...

POETA DE JORNADA

Seu poeta de jornada
Fala com sabedoria.
Ouça-o. E se conecte.
Se mantenha em sintonia.
Só o que fez. E não invente.
No inventário desse dia.
Vai saber se é verdadeira
Ou se é vida poeira...
Uma vez, abençoado,
Vai surgindo alegria.
Irrigando com amor
O valor de sua autoria.

Seu poeta de jornada
Fala com sabedoria.
Ouça-o. E se conecte.
Se mantenha em sintonia.

POR VIR

Confuso intelecto,
À procura de ir
Ao alcance de massas,
De adquirir;
Alvo de panfleto,
E de possuir;
Na queima de tempo,
Sem nada seguir...
Cuidado daquilo
Que estás a pedir.
O que está na cabeça
É o que está por vir.

                        Cuidado daquilo
                        Que estás a pedir.
                        O que está na cabeça
                        É o que está por vir.

Ignorar talento
Pra perda impedir?
Ficar bem atento
Ao que deixa, em partir...
Se o medo da perda
Te faz desistir
De virtude e talento
Na vida nutrir,
Cuidado daquilo
Que estás a pedir.
O que está na cabeça
É o que está por vir.

PRONTO A VIVER

Acordar...
Já passou madrugada,
Vivo ao mundo ler...
Entender já bastante
Sobre jornada.
Em pensar, em fazer.
Próprio é o desafio,
Trajetória / estrada.
É infinito o saber.
Querendo mais vida,
Energia ser usada
Ensinar / aprender.
Viver intensidade,
Ousadia, caminhada –
Estar pronto a viver...

                                      Viver intensidade,
                                      Ousadia, caminhada –
                                      Estar pronto a viver...

PARTE CINCO
De percepção
CANÇÃO

CONSORTE

Na fila do jogo,
No jogo da "sorte",
Sorteio de azar –
Emoção fica forte.
O troco no chão
Fazendo aporte;
Fraterna em taverna
Viventes consorte.

                    O troco no chão
                    Fazendo aporte;
                    Fraterna em taverna
                    Viventes consorte.

O livro na mão,
Mente rica e forte.
Por guia, natureza,
Que indica um norte.
Vem a recompensa...,
Se eleva o porte.
Ponha fé na vida,
Em virtude se importe.

DESEJAR

Sim ou não realizar:
O desejo faz mover...
Pôr razão no planejar,
Prudência no escolher.
A falta faz desejar
E o de novo acontecer.
Faz mais cedo levantar
Dando sentido ao viver.

                    A falta faz desejar
                    E o de novo acontecer.
                    Faz mais cedo levantar
                    Dando sentido ao viver.

Pode ser de um olhar,
De um amigo rever,
Um amor a conquistar,
Familiar enaltecer.
O que busca alcançar
Ou de novo reviver,
Mesmo herdado, imaginar...
É causa do conhecer.

DESFRUTO

O cultivo caber
Por próprio querer.
Pessoa já premiada.
Porque a virtude
Junto da vida
Já vem semeada.
Cresce a virtude
E logo floresce
Quando estimulada.
O quanto de fruto
E possível desfruto
É se for cultivada.

                                        O quanto de fruto
                                        E possível desfruto
                                        É se for cultivada.

ENCANDECER

O que se ouve a gente esquece.
E se imita pelo ver.
Também não faz quem justifica.
Que se aprende é no fazer.
Perfeição é assumir
Os desagrados do viver.
Ao invés de andar a esmo,
Aprender a conviver.
Quando a sombra é superada,
Enaltece o camarada
E faz a estrela encandecer.

                                  Ao invés de andar a esmo,
                                  Aprender a conviver.
                                  Quando a sombra é superada,
                                  Enaltece o camarada
                                  E faz a estrela encandecer.

Ouvindo, lendo, fazendo...
Na expansão do conhecer.
O estudo enobrece,
Abre estrada a quem nascer.
Mais visão se estabelece
No que a mente percorrer.
Imaginário floresce,
Ação faz acontecer.
Quando a sombra é superada,
Enaltece o camarada
E faz a estrela encandecer.

FAÍSCA

Mais goela que ouvido:
Fora de sentido
E de se controlar.
Já o sereno pondera,
Pensa..., e só aferra
Se ultraje morar...
Limite no cargo;
Se der, armou dardo
Para se coçar...
Longe de faísca,
Bomba gente trisca
Sem raciocinar.

                Longe de faísca,
                Bomba gente trisca
                Sem raciocinar.

Para-raios de fúria,
Raiva, insulto, injúria,
Do vã reclamar...
Lidar bem com isso
E não desse feitiço
Se contaminar.
Desprovido de ira,
De fúria, de mira...
O exemplo ensinar...
A razão é estupenda,
Até faz com que aprenda
Sem nada vingar.

FORA DE PONTO

Querer sempre estar
Em outro lugar
É estar fora de ponto
Por causa do ansiar.
De bem com si mesmo
Não anda a esmo,
Equilíbrio no passo,
Nem se vangloriar.
Mergulho na vida,
Na história da lida...
Abre clareira,
Sereno encontrar.

                                        Querer sempre estar
                                        Em outro lugar
                                        É estar fora de ponto
                                        Por causa do ansiar.

PARTE SEIS
De região
CANÇÃO

MARCHA E CUCA

Pra marchinha de salão,
Dançando bem, na baiuca,
Da cuca – a capital –
Arabutã de batuta.
Bate ovo, faz confete,
No *kerp* a mente cutuca.
Muita banda pra tocar
Na sequência da muvuca.
Dele pistão e trombone,
Tripa-grossa, marcha, cuca.
Beber chope na caneca;
Não confunda com cumbuca.

                      Dele pistão e trombone,
                      Tripa-grossa, marcha, cuca.
                      Beber chope na caneca;
                      Não confunda com cumbuca.

MEL ENVELHECIDA

Governo..., e segmentos,
Em fluxo / em corredor...
Jagunço – caboclo vendido;
E ter branco – exterminador.
Foi formando preconceito,
Todos – comprometedor.
O caboclo por bandido
E o branco por matador.
Ira – mel envelhecida,
Irani – mãos de louvor.

                    O caboclo por bandido
                    E o branco por matador.
                    Ira – mel envelhecida,
                    Irani – mãos de louvor.

Irani – catarinense –
Fauna, flora, rio..., e flor.
Ira – mel – em guarani,
Que faz lembrar o sabor.
E – *nhi* – de envelhecida:
Um nome que diz amor.
Onde guerra / movimento...,
Espalhou muito pavor.
Marcas do terceiro mundo
Tal daqueles de anterior...

POMPA

Pompa, pompa, pompa, pompa...
Pompa, pompa, pompa, pompa...
Numa caneca de chopp
A fantasia desponta.
Pompa, pompa, pompa, pompa...
Pompa, pompa, pompa, pompa...
Cada passo vira arte
E a festa fica pronta.

                        Pompa, pompa, pompa, pompa...
                        Pompa, pompa, pompa, pompa...
                        Cada passo vira arte
                        E a festa fica pronta.

No trombone, na caneca,
Toga balança por tonta.
Timidez desaparece,
Alegria ganha monta.
Sacudida vai na onda,
Balanço quase desmonta.
No embalo da marchinha,
Vai de artista e apronta.

ROBÔ INHAMBU

Antes foi com o apito
Que o inhambu imitou.
Pouco tempo tem passado
Quando "inhambu" revidou.
Ele agora faz que fala,
Toca viola – desnorteou.
Mais nem de inhambu se escuta,
Nem piar se escutou.

                Robô inhambu,
                Inhambu robô.
                Foi o dono do apito,
                Dispensando a voz, o grito...,
                Quem robô inhambu criou.

Roubou o seu encanto,
Que menino alegrou.
Do inhambu nas palhadas,
Nas galhadas que tombou.
Caipira acompanhava,
E relembrava o que entoou.
Com violão de taquara
Que o caipira fabricou.

Quando o eco nas canhadas
Muitas vezes ressoou,
Foi da onça, do guará...,
E quando o inhambu piou.
Também foi quando o tiro
De espingarda detonou.
E abafo de arapuca
Toda vez que desarmou.

SURFANDO EM SAPATO

Sereia desliza
Em pegadas na pista,
Parecendo estar
Na onda do mar.
Passeia na sala,
Surfando em sapato,
Bagunçando a alma,
Fazendo arrepiar...

                                        Passeia na sala,
                                        Surfando em sapato,
                                        Bagunçando a alma,
                                        Fazendo arrepiar...

Manejo no corpo,
Pagode maneja;
Samba remelexo,
Hipnose, de olhar.
Causa do manejo
Repete batuque,
Batuque, batuque
Faz o manejar...

THOQUE THOQUE

Sertanejo, nativista,
Vida caipira – sertão.
Na cavidade do toco,
Embocadura feita à mão.
Pra comer arroz sem casca
Misturado com feijão:
Thoque thoque thoque thoque,
Thoque thoque no pilão.
Pancada na cavidade,
Pancada com o bastão.

                    Thoque thoque thoque thoque,
                    Thoque thoque no pilão.
                    Pancada na cavidade,
                    Pancada com o bastão.

Quando abre a porteira –
Memória na tradição.
Sentir desafio do campo –
Cutucada na emoção.
Quando abre a panela
Do arroz, lá no sertão,
Vai mexendo, vira massa –
Caipira alimentação.
Num repique de pancada,
Tira casca e quebra grão.

VARGEÃO

No Vargeão, do meteoro
Que ali um dia caiu,
Serpenteando na cratera,
De entre pedra que partiu
Jorra água indo pro rio...

Imaginando outrora
Se algum vivente sentiu...
Olhar em passeio agora
Na cidade que surgiu.
Chão que um dia se esvaiu...

No Vargeão, do meteoro
Que ali um dia caiu,
Serpenteando na cratera,
De entre pedra que partiu
Jorra água indo pro rio...

Literário, à memória:
Cataria sacudiu.
Pesquisa remonta história,
Que no oeste colidiu,
E estrondo emitiu...

E também faz primavera,
Curso d'água em desvio...,
Onde, naquela era,
Talvez que flora ruiu,
Também que bicho sumiu...

PARTE SETE

Mente

POEMA

MENTE, MENTE

1
Mente, mente,
Porque se forma
E se transforma
Em mentalidade.

2
Nem sempre sendo,
Mesmo querendo
Ou não querendo,
A realidade.

3
Cuidar da mente
Constantemente
É ser seu amigo
Em sinceridade.

4
Domínio certo
Sobre a mente,
Ao desafio,
À felicidade.

5
Vida de glória
Por derradeiro;
Firme e forte –
Autenticidade.

6
Viver consciente
Em vida serena
É viver tesouro –
Quando em verdade...

7
Mente / semente,
É fonte / ponte:
Consigo, com Deus,
E com irmandade.

8
Estar no caminho
Fazendo destino:
Espalhando exemplo,
Visão...; ou vaidade...

9
Da natureza,
Visar à certeza,
Gerando nobreza,
Deixando saudade...

10
Sair de querelas
De quem tagarelas;
Com diplomacia
E naturalidade.

11
Exemplo arrasta –
E que seja bom;
Só falar não basta,
Em qualquer idade.

12
Assertivo, examina
Com tal diligência,
E bem se conecta
Com a santidade...

13
É próprio da gente:
Corpo, vida e mente.
Espiritualidade,
De onde a bondade...

14
Mente:
Opinião / conceito;
Visão / resiliência;
Tenacidade...

PARTE OITO
Mundo / Humanidade
POESIA

EXPANDE UNIVERSO

Temor da imensidão
É por querer voltar,
E na linha da vida –
Melhor nem pensar.
Enquanto possível –
Sem adiar...,
Pessoa querida
De novo abraçar.
Mente em profusão,
À luz – desvendar...
No todo criador
Sempre acreditar.
Expande universo
De cada verso,
Ponto, lugar...

          Expande universo
             De cada
               Verso
               Ponto
               Lugar
                ...

HUMANIMAL

Previsível é bicho / bitola-ação.
Criativo – o pulo – na intenção;
Move pés, consciência, mão,
Diafragma, coração...

Humano cérebro – escolha de ação.
Orgulho / soberba – aniquilação;
De pitada humildade – evolução;
Humanimal – direção...

Sentir pena: do gritão,
Do bufão, do chorão.
De traumatização...
Como em brasa – no chão...

Ao invés de bastão,
Oração...
Aos na contramão:
... Jesus deu perdão...

INTEGRIDADE

PATRIMÔNIO
Débito / Crédito
Contabilidade
JURÍDICO
Equilíbrio
Legalidade

1
Paz
Guerra
Inútil
Utilidade

2
Inércia
Ação
Mentira
Verdade

3
Produção
Consumo
Roubo
Caridade

4
Apego
Desapego
Egoísta
Solidariedade

5
Nascimento
Morte
Interrupção
Continuidade

6
Cisão
Integração
Prisão
Liberdade

7
Pagão
Religião
Bem
Maldade

8
Bandido
Caridoso
Calma
Intensidade

9
Construção
Destruição
Avareza
Fraternidade

10
Honesto
Corrupto
Vício
Moralidade

11
Alto
Baixo
Intenção
Causalidade

12
Igual
Diferente
Hediondo
Amabilidade

13
Quente
Frio
Individual
Coletividade

14
Deus
Demônio
Escuro
Claridade

15
Forte
Fraco
Genérico
Especialidade

16
Jovem
Ancião
Corpo
Espiritualidade

17
Rico
Pobre
Fêmea
Masculinidade

18
Igual
Diferente
Velhice
Mocidade

19
Consciente
Inconsciente
Atroz
Cordialidade

20
Certo
Errado
Exato
Probabilidade

21
Feroz
Manso
Uno
Dualidade

...

PARTE NOVE

Enunciar

POEMA

ENUNCIAR

(NA ARTE DA ESCRITA)

Mistério humano –
Meio de comunicar.
A escrita que surgiu –
Contábil escriturar.
E múltiplos segmentos
Fez surgir e resultar.
De história, de religião,
Mitologia, filosofar;
Poesia, arte antiga,
Teologia, politicar...
Fez da rima a cantiga,
E de verdades ao sonhar...

Estilos de pensar / externar
Paleta / alegoria / alegrar
Patentear
Confortar
Versar
Prosar
...
Formas de maravilhar
Do inventar
Visualizar
Imaginar
Vibrar
Voar

...
Alteza proporcionar
De obrar e orar
Emocionar
Encantar
Navegar
Viajar
...

Contemporâneo
Do antes – é bom crivar....
De regiões, de valores,
Ciências... – vislumbrar.
De ficção, tradição,
Fatos... – do interessar.
Causas, consequências,
Interações – inteirar.
Ideologia – quem diga –
Falar do outro o que intriga
E está a cobrar...

Cultura é conhecimento,
É melhor escutar...
Também agricultura,
Colher / semear,
Pintura, escultura,
Escrever, declamar,
Museu, avicultura,
Pesquisa, encenar...
E, pensando se liga,
Também se consiga
Isso musicar...

Arte de compor / lavrar
Linguagem peculiar
Registrar
Informar
Ensinar
Educar
...
Entreter / refletir / despertar
Persuadir / propagar
Empoderar
Inspirar
Instigar
Alertar
...
Primeiro, é o resultar em:
"Valor" que gerar
Alavancar
Valorar
Agregar
Enricar
...

Antes do *show* o ensaio,
É melhor concordar;
E talento
Pra energizar.
De alta influência
Já – Dante – falar,
O papel do artista.
O bom intencionar,
A escrever instiga,
Em dar mais vida,
E poder celebrar.

Intuição é o começo,
Depois, o realizar.
Passa na resistência
E no perseverar.
Quando no primitivo –
Pro alimentar.
No desenvolvimento –
Ego no comparar...
Quando em causa se liga –
A vida valida,
E o sucesso no ar...

O que é prosperar...
Dinheiro ganhar
Familiar
Felicitar
Animar
Amar
...
Influência / poder, é mais que altar...
É o bom memorar
Bem-estar
Conquistar
Cultivar
Plantar
...
AMAR É MAIS QUE SEGUIR / PUBLICAR...
Pensamento elevar
Acreditar
Meditar
Aceitar
Doar
...

PARTE DEZ

Camponês

POESIA

BENDITO INTERIOR

O sol, a energia,
No riacho se banhar.
A montanha, fonte d'água,
Em ladeira deslizar.
Em casa ou na capela,
O espírito alimentar.
Da comida e vestimenta
Sabia quanto custar.
Quando, batendo pilão,
Fazendo arroz descascar.
Brinquedo, feito a facão,
Ou Papai Noel chegar.

                    Da comida e vestimenta
                    Sabia quanto custar.
                    Quando, batendo pilão,
                    Fazendo arroz descascar.
                    Brinquedo, feito a facão,
                    Ou Papai Noel chegar.

Alheio de vista à tela
Passada no celular,
Hormônios da felicidade
Por brincar, por realizar.
Bendito foi o interior
De outrora a recordar,
Que educava os filhos
Enquanto no trabalhar.
Na escola aprendendo a ler,

Respeitar, calcular...
O menino, a menina –
Em cada ato de brincar.

                              Alheio de vista à tela
                              Passada no celular,
                              Hormônios da felicidade
                              Por brincar, por realizar.
                              Bendito foi o interior
                              De outrora a recordar.

DE FAMÍLIA

Seu Guerino – camponês
Desbravador, esperança, coragem,
Trabalho... e força promissora...
Lindoia do Sul – montanha – mato /
Roça / boi / cavalo / artesanato...
E uma família cultora...

Camponesa – **dona Maria**
Desbravadora, esperança, coragem,
Sempre na fé – oradora...
Costura / superação / desafios...
De suor / lágrimas / risos... – rios...
E da família – protetora.

Três anos de escola
E uma vida agricultora,
Trajetória camponesa
De união colaboradora.

DO INTERIOR

1
Berço – **Ipumirim** – Serrinha,
Em nascente arroio cursor.
Criado em ala montanha –
Lindoia do Sul – **agricultor**.
Ensino fundamental,
Neste distrito povoador.
Classificação por sala –
Mesma série e professor:
Classe "A" – dos da cidade;
Classe "B" – dos do interior.

2
Quando no ensino médio,
Outro nível instrutor,
Em **Concórdia** – Catarina –
Município em divisor,
Também distrito Lindoia,
Ser visto por interior.
Noutra visão de cultura
Ter por classificador:
Fora capital **Floripa** –
Catarina interior.

3
Aventura no turismo –
Praia ...bana / Redentor...
Não ser da **Maravilhosa**
Todos vindos do interior.

Fora – **York** – Americana,
Interiorano – sim, senhor...
Pisando na **Europa**,
Fora – dela – do interior.
Do urbano o partimento –
Centro, centralizador.

4
Rastreio à história humana –
Rastro identificador.
Mata / cume / praia / campo;
Caçador..., e coletor.
Rio, mar, lago, banhado;
Remador..., e pescador.
Arte / osso / marca / pegada,
Corda / pear / tubo / tambor...
África – berço humano;
E caminhos pro **interior**...

PARTE ONZE

Humanamente

POESIA

DESPRENDIMENTO

Espírito estado atento,
Com seu conhecimento,
Vivendo em sobriedade.
Interagindo em recreação,
Solene comemoração,
Com ou sem formalidade.
Da própria iniciativa,
Ou chamado pra ativa.
Coisas da humanidade.

Quando ego não é causa,
Flui o tema sem pausa,
Pondo luz na escuridade.
Nem ser egoísta
Se do ponto de vista
Sentir veracidade.
Desprendimento é estar
Disposto a compartilhar
Ao encontro da verdade.

EM APUROS

1
Nações e vidas em apuros,
Regimes distorcidos,
Propósitos obscuros.

2
Esquerda / meia / direita;
Regime de governo;
Suspeita.

3
Um faz, outro desfaz;
Destruição / recomeço.
Prometendo que faz.

4
Promessas – quase ouro.
Voto depositado.
Mãos no tesouro.

5
Ao opositor desgastando;
Aumento tributo / encaixe;
Em privilégios gastando.

6
Farra / grana – pra nichos;
Promessa pra todos;
Vivendo caprichos.

7
Instituições em suspeitas,
Cada uma por principal,
As outras por "seitas".

8
No poder / pedestal:
Um maior; outro pai.
Todos por principal...

9
Promessa pra Nação,
Promessa pro mundo,
E na contramão.

10
Cabeça em lavagem,
Pregando doutrinas,
Formando em bobagem.

11
Vezes mais ministério,
Outras, menos ministros.
Confuso mistério.

12
Montando estatal,
Estatal em desmonte,
Como que um bacanal.

13
Urge cor da bandeira,
Cor de partido urge.
Urgindo asneira...

14
Ouvir pregar paz
À Nação / ao mundo,
De quem por voraz.

15
Ação de parlamento
Pra realização;
Negociata – em sustento...

16
Sufrágio negociar...
Ver que é coisa séria
Ato de votar.

17
Trabalho / cidadania.
Ocupação de cargo:
Economia / filosofia...

18
Falar em cultura,
Autoridade / orador:
Leitura...

19
Cuidado! Impressão.
Livros – prateleira cheia
Pra decoração.

20
Autoexame primeiro,
Depois o do outro:
Interagir verdadeiro...

21
Salve sana consciência
Fundada em princípios:
Providência...

22
Propósito da missão
Da entidade política...
Tua consciência e razão.

FORMAÇÃO HUMANA

Sim que fica por certo,
De barro a humana formação.
E sem questionamento
Da ciência na questão.
Assim também são os bichos,
Quando nascem, quando vão.
Por vã o esforço da mente
Quanto a alma, na questão...
A crença e a fé na frente,
Mais profunda devoção,
Que se espalha na infância,
Juventude, no ancião.
Diferente o ateu,
Dizendo a ser – na razão.

                    Sim que fica por certo,
                    De barro a humana formação.
                    E sem questionamento
                    Da ciência na questão.

Que humano se inicia
Na África – no sertão... –
Diz a ciência, diz a história.
Enquanto – de religião –
A ser no Mediterrâneo.
Por Eva e por Adão.
Nascer no Jardim do Éden
O animal da perfeição,
Dito por Moisés,

Sócrates, Platão...
Do mistério – o filho –
Para o céu, e o perdão;
E, à imagem e semelhança,
Pela humana visão.

QUEM SOU EU...

Quem sou eu...
Um cérebro?
Ah, não,
Isso eu tenho.
Quem sou eu...

Então..., uma alma?
Sinto que tenho...
Preciso de calma
Pra compreender.
Quem sou eu...

Vida / pensamento /
Nome / coração...,
Profissão / diafragma...
Tudo isso é meu.
Quem sou eu...

E, DEUS – no meio;
Eu – feliz / anseio...
Quem nasci / me torno...
Um sopro do mundo...
Quem sou eu...

Mudei, do que conheci;
Sou do que já vivi.
Do que viverei
E que me tornarei.
Quem sou eu...

Voz interior – ouvir...

SALVA O TEU RIM

Assim como herança,
Quando "de cujus",
Rim, pode servir
Na vida de outrem.
Se não te convém
Só em poeira sumir,
Salva o teu rim
Por mais um pouco
Quando partir.

                                        Salva o teu rim
                                        Por mais um pouco
                                        Quando partir.

Muito amor próprio
É contra a natureza –
De onde tudo vir.
Seja por caridade,
Ato de bondade,
O que te convir...
Além de em vida,
Também na partida
Ao mundo servir.

SIGO MEU SONHO

A bancar os meus sonhos – sou eu.
Pra mim – tempo liberto – o meu.
Geografia / moradia / mover /
Saúde – em proveito da vida.
Também dinheiro valida;
E o bom conviver.

Dia esplendor / dia cinzento,
O meu foco eu sustento.
Penso no amanhecer.
Nisso me proponho:
Sigo meu sonho,
Vivo a viver.

TEMPERANÇA

Pra bem convivência,
Desafio humano
É na temperança.
Mais de conhecer,
Aprender a lidar,
Longe de vingança.

Honesto, prudente,
Atitude pautada
Em temperança:
Floresce justiça,
Cresce fortaleza,
Semeia esperança.

TOGA FRIA

Em sinal magnitude –
Manto, corpo cobria.
Corpo, pescoço...
E o que não previa.
Desvio de função,
Intenção, ironia...
Pago por bom –
Lacaio / ideologia...
Cargo por voto /
Por quem confia...
Desvairado toga fria:
Se juízo contraria /
Interesse em pontaria... –
Humanidade injuria.

· Luz

        Toga – formados.
        Quem formaria
        Fosse consciência
        Na diplomacia...
        Jurista função,
        Contadoria...
        Universidades
        Que fecharia...
        Salvo os sábios,
        Que são minoria.
        Com toga ou sem toga,

Mas sem fantasia.
Humana justiça
Com sabedoria.

Luz

TU

Uno
União
Nação
Cidade
Família
Partido
Religião
Coletivo
Associação
Comunidade
Agremiação
Propósito
Categoria
Profissão
Entidade
Talento
Função
Missão
Etnia
...

Nossa!!!

PARTE DOZE

Erudição

POEMA

APLICADA ERUDIÇÃO

Da leitura, extrair ao perene,
Quando o livro na mão.
No teor marcante:
Destaque à mão
Como escolha
De ação.

Mente,
Lembra não,
Se não carece.
Foca na atenção
Que se estabelece.
Aplicada erudição...

EPÍLOGO

Desta leitura – um presente;
Deste presente – visão;
Desta visão – mais excelência
Em tua vida, irmão.

No trato do pensamento,
A vida na condução;
Também por escola de vida
POEMA RIMA CANÇÃO.

Reflexo de experiência,
Imaginação,
Livro, correção, vivência...,
Passeio em múltipla geração.

ÍNDICE REMISSIVO

PALAVRAS – em poesia

1. ...
2. ...

CANÇÃO / COMPOSIÇÃO

1. Abunda 41
2. Altaneiro 42
3. Ao luxo do perdão 53
4. Ao sentido da alma 43
5. Cabeça erguida 44
6. Caduque não 45
7. Cafu e capita 54, 55
8. Censure não 27
9. Certeza 28, 81
10. Consorte 64
11. Desejar 65
12. Desfruto 66
13. Encandecer 67
14. Enxotar 29
15. Estique a vida 46
16. Faísca 68
17. Fora de ponto 69
18. Frequência 47
19. Gatilhos 56
20. Honradez 48
21. Idealize o amanhã... 49
22. Intento vivido 30

23. Laivos da vida 31
24. Legado 32
25. Líder bravura 33
26. Ligar o sino 34
27. Marcha e cuca 71
28. Mel envelhecida 72
29. Na ordem da natureza 50
30. Não culpes o santo 51
31. Nasce a poesia 57
32. Nascido – de um todo 58
33. Nunca deixe saturar 35
34. Ousadia 59, 62
35. Poder 36, 46, 92, 93, 103
36. Poeta de jornada 60
37. Pompa 73
38. Por vir 61
39. Pronto a viver 62
40. Revelar 37
41. Robô inhambu 74
42. Surfando em sapato 76
43. Thoque thoque 77
44. Vai robô 38
45. Vargeão 78
46. Vivendo de capitão 39

POESIAS

1. Autenticidade – estou mesmo sendo meu amigo... 15
2. Desprendimento 101
3. Mente, mente 80
4. Expande universo 84
5. Humanimal 85

6. Integridade 15, 24, 86
7. Enunciar – na arte da escrita 90
8. Bendito interior 95
9. De família 97
10. Do interior 98, 99
11. Em apuros 102
12. Formação humana 105
13. Quem sou eu... 107
14. Salva o teu rim 108
15. Sigo meu sonho 109
16. Temperança 59, 110
17. Toga fria 12, 111
18. Tu 12, 36, 113
19. Aplicada erudição 12, 115